De leeuw is los!

Martine Letterie
tekeningen van Mark Janssen

De stiefjuf

Sanne komt de keuken binnen.
Ze smijt haar schooltas in de hoek.
'Hé, moet hij kapot?' zegt mam.
Sanne haalt haar schouders op.
Haar gezicht staat op onweer.
'Ben je kwaad?' vraagt mam.
Wat een domme vraag.
Natuurlijk is Sanne kwaad.
Mam maakt een glas sap.
Ze zet het voor Sanne neer op tafel.
'Ik snap er niks van,' zegt mam.
'Over een paar weken is het vakantie.
Dat is heerlijk.
Eerst hebben jullie nog Grote Avond.
Groep acht speelt toneel.
De andere groepen mogen toch daarvoor?
Dat lijkt mij ook erg leuk.
Weet je al wat jouw groep gaat doen?'
'Nee,' zegt Sanne.
'Groep vier moet alles nog verzinnen.'

Met een klap zet ze haar glas op tafel.

'En woensdag dan?' vraagt mam.

'Dan gaan jullie op kamp.

Dat is toch spannend!'

'Ik vind het niet meer leuk,' zegt Sanne.

Ze stampt met haar voet op de grond.

'Juf Ineke gaat niet mee op kamp.

Omdat ze een baby krijgt.

Nu moet ze thuis op het kindje wachten.'

'Dat is fijn voor juf Ineke,' zegt mam.

'Maar niet voor groep vier,' bromt Sanne.

'We hebben nu een stiefjuf.'

'Een stiefjuf?' vraagt mam.

'Wat is dat?'

'Wel een juf, maar niet een echte,' zegt Sanne.

'Net als bij Sneeuwwitje.

Die had wel een moeder.

Maar die moeder was niet echt.

Ze was ook niet lief.

Die moeder was stief.

Deze juf is ook niet lief, maar stief.

Die nieuwe juf was vandaag al op school.

Ze is heel streng, niks mag.'

'Dat valt vast wel mee,' zegt mam.

'Helemaal niet,' zegt Sanne.

'En ze heeft ook een rare naam: Ada.

Wie heet er nou Ada?

Alleen zo'n strenge juf.
Ze heeft veel bruine krullen.
Die maken haar heel woest.
Ze staan alle kanten op.
Juf Ada heeft een grote bril.
Die maakt haar ogen groot en boos.'
Sanne doet voor hoe de juf kijkt.
'De stiefjuf heeft vandaag niet gelachen.
Niet één keer.
Haar mond blijft een dunne streep.
Hoe moet dat nou op kamp,' zegt Sanne.
'Ze valt vast mee,' zegt mam weer.
Sanne zucht.
Ze gelooft er niets van.

Op de fiets

Mam brengt Sanne naar school.
Daar begint de reis naar het kamp.
Ze gaan op de fiets.
Voor school ligt een berg tassen.
Sanne gooit de hare erbij.
'Sanne, Sanne, hier!' gilt Jip.
'Ha, Jip,' roept Sanne terug.
Snel geeft ze mam een kus.
'Dag mam, tot morgen!'

Sanne gaat met haar fiets bij Jip staan.
Ze zijn al heel lang vriendinnen.
Jips vader rijdt mee naar het kamp.
Op zijn trekker, met een grote kar.
Daarop komen de tassen en slaapzakken.
Over de spullen ligt een groot zeil.
Dan kan er niets van de kar vallen.
Juf Ada telt de kinderen van groep vier.
Ze knikt: iedereen is er.
Het is zover.
Ze gaan!

Sanne belt hard met haar fietsbel.
Iedereen gilt door elkaar.
Jips vader gaat voorop met zijn trekker.
Daarachter rijdt juf Ada, alleen.
Dan komen de kinderen; twee aan twee.
Sanne fietst naast Jip.
De moeder van Tom sluit de rij.
Ze heet Mia, en Sanne vindt haar aardig.
Mia gaat mee om de juf te helpen.
Ze zingt een echt kamplied.
'Ik heb een potje met vet.'
Sanne zingt mee: 'Al op de tafel gezet.'
Zingend fietst groep vier het dorp uit.
Juf Ada kijkt om.
'Recht fietsen,' roept ze streng.
Haar hoofd draait weer goed.
Jip steekt haar tong uit.
Naar de rug van juf Ada.
Sanne lacht.

Vlak buiten het dorp is een veld.
Daar komt een circus.
Er staan al wagens, ziet Sanne.
Ze gaat ook naar het circus.
Als ze terug is van kamp.
Dat heeft mama beloofd.
Bij de wagens lopen mannen.
Die maken alles in orde.
Jips vader stopt de trekker.
'We kunnen wel even kijken,'
roept hij naar de juf.

De leeuw

De stiefjuf wil niet kijken.
Ze vindt het geen goed idee.
'We komen te laat,' zegt juf Ada.
'Dat geeft toch niks.
Het kan best even,' vindt Jips vader.
Hij zet de motor van de trekker uit.
Juf Ada kijkt boos.

De mannen van het circus werken hard.
Ze hebben blauwe pakken aan.
Er komen steeds meer wagens bij.
De mannen zetten ze in een rondje.
Eén grote plek blijft leeg.
Daar komt straks de tent, denkt Sanne.
Toms moeder loopt naar de blauwe mannen.
'Mogen we even kijken?' vraagt ze.
'We zijn op kamp.'
'Op kamp?' zegt een blauwe man.
'Kijk dan maar even rond.
Als jullie maar niet in de weg lopen!'
Sanne stoot Jip aan.

Ze mogen kijken; gaaf!
De mannen zetten de tent op.
Een vrouw heeft slangen in een mand.
'Daarmee treed ik op,' zegt ze.
Jip en Sanne mogen een slang aaien.
Zijn huid voelt glad.
'Het valt mee,' zegt Sanne tegen Tom.
'Dat durf je toch ook wel?'
Maar Tom durft niet te voelen.
Ze lopen een eindje verder.
Daar gooit een kerel messen in een deur.
Tegen de deur staat een dame.
De man gooit de messen vlak naast haar.
Hij raakt haar net niet.

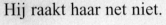

'Dat zou ik niet durven,' zegt Jip.
'Ik wel, hoor,' zegt Sanne.
'Hij gooit heel goed.'
Bij een andere wagen zijn twee meisjes.
Ze hebben groene pakken aan.
Ze klimmen op elkaar.
Zo maken ze een toren.
Iman en Abdi doen het na.
Maar het lijkt nergens op.
Dan doen de meisjes het langzaam voor.

Iman en Abdi kijken goed.
Iman gaat op Abdi's knieën staan.
Juf Ada komt er ook net aan.
'Iman en Abdi, pas toch op!' roept juf.
Ze mogen geen kunsten meer doen.
'Kom, we lopen door,' zegt Jip.

Een eind verder staat een grote kar.
Het is een soort kooi.
Sanne kijkt of er iets in zit.
Ze schrikt zich rot.
'Een leeuw,' gilt ze.
Sanne staat neus aan neus met een leeuw.
De leeuw brult.
En Sanne springt naar achter.
'Pas toch op!' zegt juf Ada weer.
Er komt een blauwe man aan.

14

'Rustig maar,' zegt hij tegen de leeuw.

'Het is zijn voedertijd,' legt de man aan Sanne uit.

'Hij vindt jou wel een lekker hapje.'

De leeuw likt langs zijn lippen.

Sanne rilt.

Stel je voor...

'We gaan,' roept juf Ada.

'Het is mooi geweest.'

'Ga je mee, Lekker Hapje?' vraagt Jip.

Sanne steekt haar tong uit.

'Ik ben geen lekker hapje!'

Ze kijkt nog één keer om naar de leeuw.

Stom, dat ze zo schrok.

Dan stapt ze op haar fiets.

Gauw, de rest rijdt al.

Groep vier fietst weer in een rij.

En juf Ada kijkt weer boos.

Alles is dus weer gewoon.

Bij de tenten

De tenten van het kamp staan al.

Jips vader heeft ze gisteren opgezet.

Samen met de moeder van Tom.

De trekker stopt.

'Pak je tas van de kar,' zegt Jips vader.

'Breng je spullen maar naar je tent.'

'In welke tent moet ik?' vraagt Sanne.

Juf Ada wijst haar een ronde tent aan.

'Daar ga jij, met Tom en Jip.'

Sanne pakt haar tas.

Leuk, samen met Tom en Jip!

Ze krijgen meteen een opdracht.

'Verzin maar een naam voor je groepje,' zegt juf.

Ze weten het al snel.

Ze noemen zich de eskimo's.

Hun tent lijkt net een iglo.

Hij is ook zo bol en wit.

Alleen is hun iglo niet van ijs.

De eskimo's halen hun spullen.

Ze leggen de slaapzakken in de tent.

Nu moet er lucht in de bedden.

De eskimo's pompen ze op.

'Pff, dat valt niet mee,' zegt Tom.

Hij heeft er een rood hoofd van.

Eindelijk zijn ze klaar.

Nu nog een vlag voor de tent.
De juf heeft een oud laken en verf.
Het laken knipt ze kapot.
Elke groep krijgt een stuk voor een vlag.
Op hun vlag verft Sanne een eskimo.
De eskimo is stoer; ze is het zelf.
Tom maakt er een zeehond naast.
De zeehond heeft zijn bek wijd open.
'Het lijkt wel een leeuw,' zegt Jip.
'Net Sannes vriend,' vindt Tom.
'Kijk, hij wil Sanne opeten.
Hij vindt haar een lekker hapje.
Net als de leeuw van het circus.'

'Lekker Hapje is je naam,' zegt Jip tegen Sanne.

'Echt de naam van een eskimo.'

'Het is niet zo'n stoere naam,' vindt Sanne.

'Daarstraks was je anders ook niet zo stoer.'

Tom weet het nog goed.

'Je schrok je rot.'

Sanne krijgt een kleur.

'Laten we een stok voor de vlag zoeken,'

zegt ze dan.

Ze loopt snel het bos in.

Waarom wil ze ook altijd flink lijken?
Ze hebben twee stokken nodig.
Zo groot is hun vlag.
Bij de vlag eten ze hun broodjes op.
'Straks gaan we hout zoeken.
Voor het kampvuur,' zegt juf Ada.
Ze kijkt nog steeds streng.
Maar hout zoeken in het bos is leuk.

Kampvuur

'Kom naar de kantine,' roept Mia.
'Er is patat met een kroket en sla!'
Tom en Sanne doen wie er het eerst is.
'Ik heb honger,' roept Mia.
'Wij ook!' roept Tom.
'Kom gauw, Jip.
Hier is een plek!'
Ze zitten met zijn drieën naast elkaar.
In een wip heeft Sanne haar bord leeg.
'Wat gaan we nu doen, Mia?'
vraagt ze aan Toms moeder.
'We hebben een disco,' zegt Mia.
'Met echte lampen, die knipperen.'
Als de muziek aan is, gaat Mia dansen.
Samen met juf Ada.
Mia kan goed dansen, maar juf Ada ook.
Haar bruine krullen dansen mee.
Het ziet er heel woest uit.
'Straks gaat ze brullen,' fluistert Jip.
Jip en Sanne dansen met Tom.
Buiten wordt het langzaam donker.
'Het is tijd,' roept juf Ada ineens.
Hè, veel te gauw, vindt Sanne.
'Pak je zaklamp,' zegt juf.
'We gaan in het donker door het bos.'

'Lekker eng!' gilt Sanne.
Ze doet langzaam de deur open.
Het is pikdonker.
Sanne pakt haar zaklamp stevig vast.
Het is toch wel erg eng.
'Huuuuuuuu,' hoort ze achter zich.
Dat is geen spook, dat is vast een kind.
Sanne draait zich snel om.
Daar staat Tom; hij lijkt net een geest.
Hij houdt zijn zaklamp onder zijn kin.

'Ik zoek mijn ziel...,' roept Tom.
Zijn stem klinkt anders dan anders.
'Hou op, doe niet zo flauw,' zegt Sanne.
Ze wil niet bang worden.

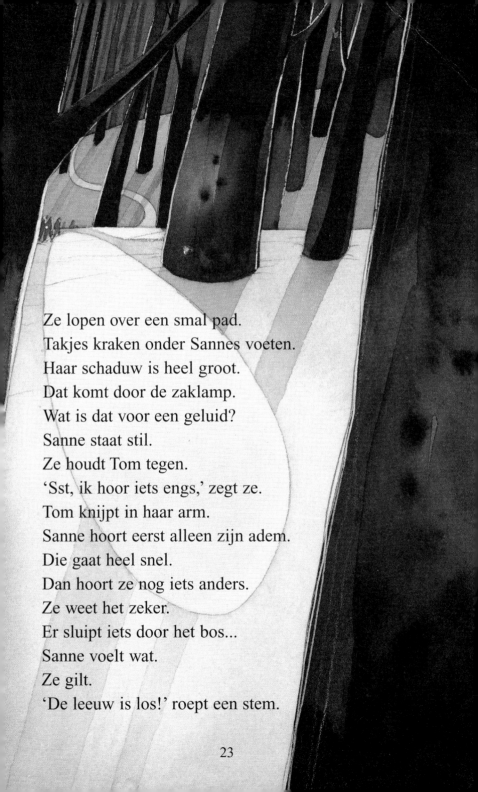

Ze lopen over een smal pad.
Takjes kraken onder Sannes voeten.
Haar schaduw is heel groot.
Dat komt door de zaklamp.
Wat is dat voor een geluid?
Sanne staat stil.
Ze houdt Tom tegen.
'Sst, ik hoor iets engs,' zegt ze.
Tom knijpt in haar arm.
Sanne hoort eerst alleen zijn adem.
Die gaat heel snel.
Dan hoort ze nog iets anders.
Ze weet het zeker.
Er sluipt iets door het bos...
Sanne voelt wat.
Ze gilt.
'De leeuw is los!' roept een stem.

Dan herkent ze Iman, de pestkop!
Sanne draait zich om.
'Stom jong!' zegt ze.
Gelukkig zijn ze snel terug bij het kamp.
Toms moeder maakt een vuur.
De hele klas gaat eromheen zitten.
Juf Ada heeft een gitaar.
Ze weet veel liedjes.
Ze zingen met zijn allen mee.
Zo lijkt de stiefjuf net een echte juf.
Dan vertelt ze een verhaal, over vampiers.

Sanne knijpt in Jips hand.
Vampiers bestaan niet, maar toch...
De juf kijkt naar de tijd.
'Jullie moeten naar bed.'
Iedereen kruipt in de tent.
Sanne ligt tussen Tom en Jip in.
Ze praten nog een poosje.
Maar al gauw hoort Sanne niets meer.

De leeuw is los

Midden in de nacht wordt Sanne wakker.
Ze moet plassen, maar de wc is ver weg.
En het is donker.
Zou ze alleen durven?
Sanne maakt Tom toch maar wakker.
'Ik moet plassen. Ga je mee?'
'Het is pikdonker,' zegt Tom.
'En ik hoor ook een eng geluid.'
Sanne luistert, nu hoort ze het ook.
Het klinkt als grommen, zacht grommen.
Verstijfd kijkt Sanne Tom aan.
'Jip, Jip, luister!' Sanne schudt aan Jip.
Jip moet eerst wakker worden.
Maar dan hoort ze het ook.
'Het is een dier,' zegt ze zacht.
'Een wild dier,' fluistert Tom.
Ze zitten rechtop, alledrie.
Ze durven niet te bewegen.
Tom geeft Sanne een duw.
'Ga jij eens kijken.'
Sanne zucht, ze moet wel.
Stom dat ze altijd zo stoer doet.
Langzaam doet Sanne de rits een stukje omhoog.
Ze gluurt naar buiten.
Het kampvuur gloeit nog na.

In dat licht ziet Sanne een schaduw.
Het is de schaduw van een groot dier!
Het beest ligt bij het kampvuur.
En het gegrom komt uit het dier.
Sanne rilt; het beest gromt hard.
Zijn vel glanst in het maanlicht.
Het lijkt van goud.
Erboven ziet Sanne een bos donker haar.
Manen, dat moeten zijn manen zijn.
Sanne trekt haar hoofd naar binnen.

'De leeuw,' fluistert ze.
'Het is de leeuw.'
Jip slaat haar hand voor haar mond.
Zo kan ze niet gillen.
Tom stopt zijn hoofd in zijn slaapzak.
'We moeten iets doen,' zegt Sanne.
'Straks valt hij het hele kamp aan.'
Jip bijt op haar vinger.

'Als we nou...,' begint ze.
'Sanne, jij gaat naar de tent van juf.'
'Dat doe ik niet,' zegt Sanne.
'Dan wordt de leeuw wakker.'
'Luister nou,' zegt Jip.
'Zie je het grote zeil van de trekker?
Dat gooien Tom en ik op de leeuw,
als hij wakker wordt.'
Eerst durven ze de tent niet uit.
'Hup, het moet,' zegt Sanne.
Ze sluipt naar jufs tent.
Tom en Jip zitten klaar met het zeil.
Dan beweegt de leeuw.
'Toe, het zeil,' gilt Sanne.
Tom en Jip springen op de leeuw.
Het beest gaat enorm tekeer.
'Help, help,' gillen ze.
Iedereen wordt wakker.
Van alle tenten gaat de rits open.
'We hebben de leeuw,' roept Sanne.
Alle ritsen gaan weer dicht.
Behalve die van Mia; zij komt kijken.
Het zeil beweegt...
Dan valt het van de leeuw.
Sanne spert haar ogen open.
De leeuw is geen leeuw.
Het is juf Ada!

Het geluid

'Waar is de leeuw?' roept juf Ada.
Ze kijkt wild om zich heen.
'Ik zie geen leeuw,' roept ze weer.
Door alle ritsen komen nu hoofden.
Die kijken allemaal waar de leeuw is.
Sanne voelt kriebels in haar buik.
'Daar!'
Ze wijst naar juf Ada.
Die staat rechtop in haar gele slaapzak.

'Ik hoorde hem grommen, heel hard.
Ik zag zijn manen en zijn gele vel.'
Sanne wijst op het haar van juf Ada.
Juf Ada kijkt naar haar slaapzak.
Die is geel, als het vel van een leeuw.
Ze voelt aan haar krullen.
Die zijn woest, als manen.
Ze denkt even na.
Dan begint ze te lachen.

Groep vier kijkt verbaasd.

Niemand heeft juf Ada ooit horen lachen.

En niemand snapt waarom ze lacht.

Juf Ada legt het uit.

'Ik grom niet.

Ik snurk en daarom sliep ik buiten.

Mia kon niet slapen door mijn gesnurk.'

Juf Ada rent naar Sanne.

'Ik zie een Lekker Hapje.'

Nu kan Sanne er ook om lachen.

'Juf, wat ben ik een sukkel.'

'Maar wel een dappere sukkel,' zegt juf.

'Jij was heel bang.

Maar toch wilde je ons redden.'

'Kom,' zegt juf Ada.

'We gaan nog even bij het vuur zitten.

Met zijn allen.

Dan gooi ik er een blok op.

En ik vertel nog een verhaal.

Maar nu een waar je van kunt slapen.'

En dat doet juf Ada, midden in de nacht.

'En nu naar bed,' zegt ze dan.

Sanne kruipt haar tent in.

Juf Ada komt nog even kijken.

'Kun je nu lekker slapen?' vraagt ze.

Sanne knikt van ja.

'Juf,' zegt Sanne zachtjes,

'we noemden jou stiefjuf.
Maar ik vind je niet meer stief.
Je bent superlief.'
Juf Ada lacht zachtjes.
'We moesten wennen,' zegt ze.
'Jullie aan mij en ik ook aan jullie.
Ga nou maar gauw slapen.
Slaap lekker, leeuwentemmer,' zegt juf.

Weer op school

Na het kamp gaat Sanne naar het circus.
Jip en Tom mogen mee.
Aan het eind komt de leeuw.
'Kijk Sanne, je vriend,' fluistert Tom.
De leeuw stapt de piste rond.
Zijn vel glanst in het licht.
Het lijkt van goud.
Daarboven ziet Sanne zijn manen.
'Het is net juf Ada,' zegt Jip.
'Maar dan in haar slaapzak.'
Even kijkt de leeuw Sanne aan.
Vindt hij haar een lekker hapje?

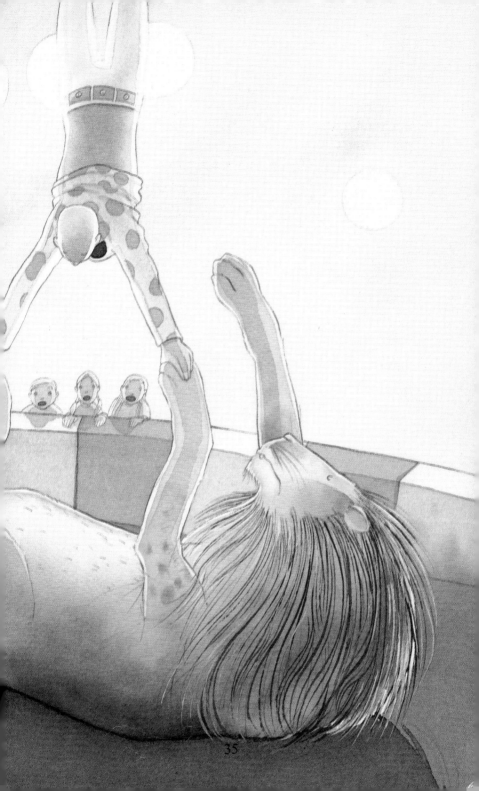

Thuis maakt Sanne een tekening.
Voor juf Ada, van de leeuw.
Maandag gaan ze naar school.
Alles is weer gewoon; bijna alles.
Ada is geen stiefjuf meer.
Ze kan zelfs lachen!
En het was een superkamp, met juf Ada.
Sanne geeft haar de tekening.
'Van Lekker Hapje voor juf Ada.'
Dat heeft Sanne erop gezet.
'Hij komt boven mijn bed,' zegt juf.
Dan heeft ze nieuws voor groep vier.
'Juf Ineke heeft een baby gekregen.
Toen wij op kamp waren.
Straks gaan we iets voor haar maken.
Maar nu gaan we eerst oefenen.
Voor de Grote Avond,' zegt juf Ada.
Iman en Abdi hebben een idee.
'Zullen we een circus doen?' zegt Iman.
'Wij willen op elkaar staan.
Net als die meisjes,' vertelt Abdi.
'Weten jullie ook een kunst?
Dan doen jullie die.'
'Ja, een circus,' roept de klas.
'Sanne is Lekker Hapje.
En Tom en Jip vangen de juf.'

Zo doen ze het.
Ze oefenen heel vaak.
Iman en Abdi klimmen op elkaar.
En Tom en Jip rennen achter de juf aan.
De Grote Avond is een Groot Succes.
Juf Ineke komt kijken, met de baby.
'Het was een goed circus,'
vindt juf Ineke.
'En juf Ada...
Ze lijkt echt op een leeuw!'

Spetter wil het boek *De leeuw is los* ook lezen.
Maar nu liggen alle woorden door elkaar.
Ze liggen van links naar rechts, achterstevoren,
schuin naar boven en schuin naar beneden.
Help jij Spetter de woorden te zoeken?

s	c	h	o	o	l	t	a	s	k	b	z
b	o	o	s	v	n	u	f	l	e	m	e
f	u	j	f	e	i	t	s	a	u	c	s
f	i	e	t	s	s	g	c	a	k	i	k
m	e	s	s	e	n	h	h	p	e	r	i
l	i	m	o	n	a	d	e	z	n	c	m
p	q	w	s	x	p	t	i	a	r	u	o
r	e	k	k	e	r	t	d	k	a	s	u
ij	s	a	o	k	r	u	l	l	e	n	k
v	m	r	u	i	j	l	e	e	u	w	l
p	g	o	m	e	i	t	n	a	k	a	v

leeuw	stiefjuf	vakantie	eskimo
trekker	boos	groep	slaapzak
fiets	schooltas	tent	afscheid
circus	keuken	krullen	messen
kamp	limonade	woest	

In Spetter 4 zijn verschenen:

Serie 1
Bies van Ede: Klaar Rover
Leonie Kooiker: Bonzo past op het huis
Hans Kuyper: Ragna en de Bergman
Martine Letterie: De leeuw is los!
Els Rooijers: Ruilen met de heks
Peter Smit: Avontuur in de nacht
Tais Teng: De prins van Kwaakland
Dolf Verroen: Een spetter op de spiegel

Serie 2
Arno Bohlmeijer: Help mij!
Margriet Heymans: Dora, of de tante van de trollen
Vivian den Hollander: Spekkie en Sproet en de gestolen auto
Anton van der Kolk: De dag dat er niets bijzonders gebeurde
Elle van Lieshout en Erik van Os: O, mijn lieve, lieve Lien
Nanda Roep: Het monsterfeest
Nicolette Smabers: De brief van oom Nejus
Anke de Vries: Kijk naar de kat!

Spetter is er ook voor kinderen van 6 en 8 jaar.

STICHTING NEDERLANDSE
KINDERJURY
1999

Boeken met dit vignet zijn op niveaubepaling geregistreerd en ge-
controleerd door KPC Onderwijs Adviseurs te 's-Hertogenbosch.

7 8 9 10 / 06 05 04

ISBN 90.276.3980.9 • NUGI 220

Vormgeving: Rob Galema (studio Zwijsen)
Logo Spetter en schutbladen: Joyce van Oorschot

© 1998 Tekst: Martine Letterie
Illustraties: Mark Janssen
Uitgeverij Zwijsen Algemeen B.V. Tilburg

Voor België:
Uitgeverij Infoboek N.V. Meerhout
D/1998/1919/214